Când sunt posomorâtă

When I Am Gloomy

Sam Sagolski
Ilustrat de Daria Smyslova

www.kidkiddos.com
Copyright ©2025 by KidKiddos Books Ltd.
support@kidkiddos.com

All rights reserved. No part of this book may be reproduced in any form or by any electronic or mechanical means, including information storage and retrieval systems, without written permission from the publisher, except in the case of a reviewer, who may quote brief passages embodied in critical articles or in a review.
First edition, 2025

Translated from English by Ana-Maria Micu
Tradus din limba engleză de Ana-Maria Micu

Library and Archives Canada Cataloguing in Publication
When I Am Gloomy (Romanian English Bilingual edition)/Shelley Admont
ISBN: 978-1-83416-825-8 paperback
ISBN: 978-1-83416-826-5 hardcover
ISBN: 978-1-83416-824-1 eBook

Please note that the Romanian and English versions of the story have been written to be as close as possible. However, in some cases they differ in order to accommodate nuances and fluidity of each language.

Într-o dimineață înnorată, m-am trezit posomorâtă.

One cloudy morning, I woke up feeling gloomy.

M-am ridicat din pat, m-am înfășurat în pătura mea preferată și m-am dus în camera de zi.

I got out of bed, wrapped myself in my favorite blanket, and walked into the living room.

– Mami! am strigat. Sunt într-o dispoziție proastă.

"Mommy!" I called. "I'm in a bad mood."

Mama a ridicat ochii din cartea ei.
– Proastă? De ce spui asta, scumpo? a întrebat ea.

Mom looked up from her book. "Bad? Why do you say that, darling?" she asked.

– Uită-te la fața mea! am spus, arătând cu degetul la fruntea mea încruntată.
Mama a zâmbit ușor.

"Look at my face!" I said, pointing to my furrowed brows. Mom smiled gently.

– Nu am o față fericită astăzi, am bolborosit eu. Mă mai iubești când sunt posomorâtă?

"I don't have a happy face today," I mumbled. "Do you still love me when I'm gloomy?"

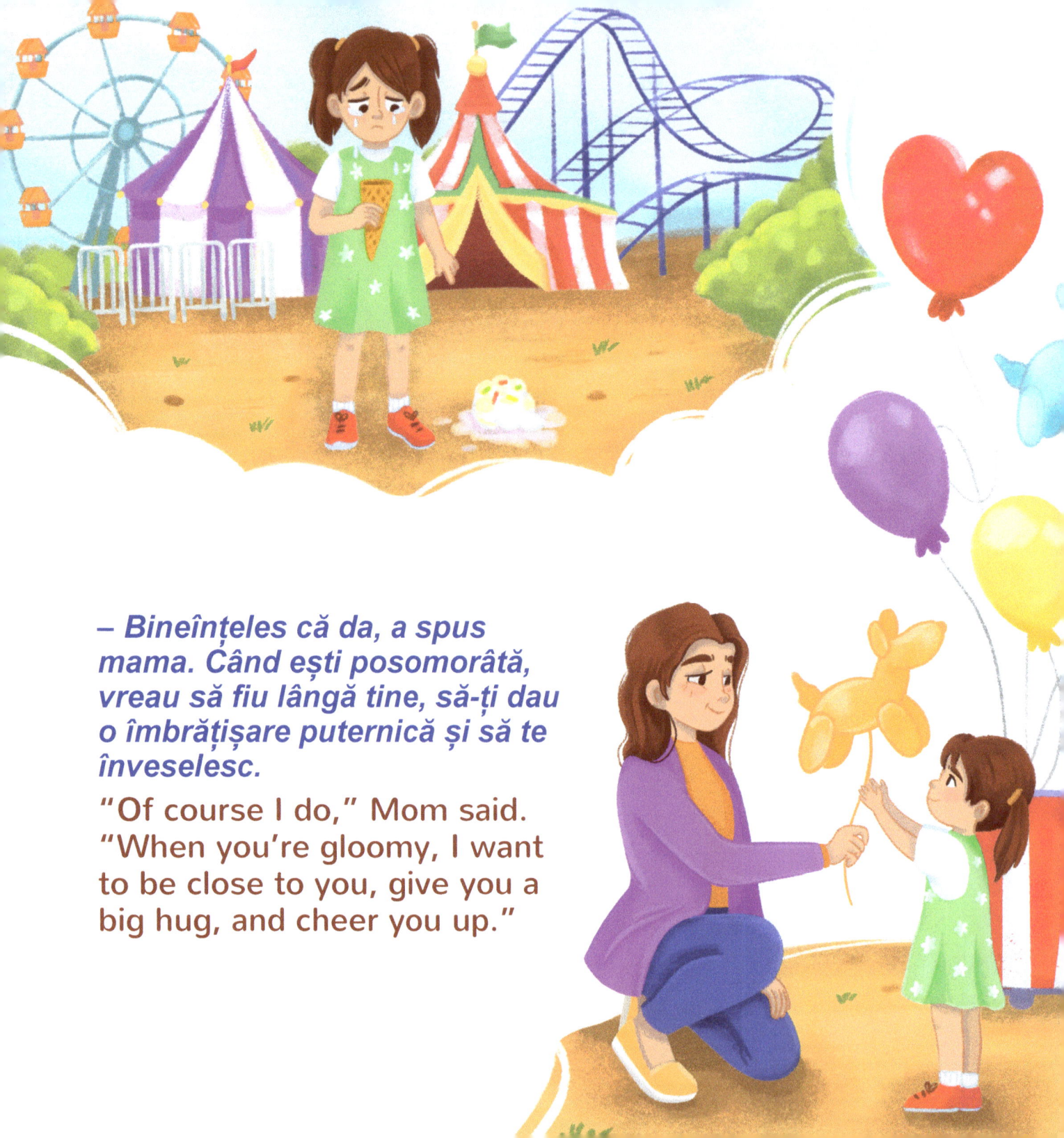

– Bineînțeles că da, a spus mama. Când ești posomorâtă, vreau să fiu lângă tine, să-ți dau o îmbrățișare puternică și să te înveselesc.

"Of course I do," Mom said. "When you're gloomy, I want to be close to you, give you a big hug, and cheer you up."

Asta m-a făcut să mă simt puțin mai bine, dar numai pentru o secundă, pentru că apoi am început să mă gândesc la toate celelalte stări de spirit ale mele.

That made me feel a little better, but only for a second, because then I started thinking about all my other moods.

– Deci... mă mai iubești când sunt nervoasă?
"So... do you still love me when I'm angry?"

Mama a zâmbit din nou.
– Bineînțeles că da!
Mom smiled again. "Of course I do!"

– Ești sigură? am întrebat, încrucișându-mi brațele.
"Are you sure?" I asked, crossing my arms.

– *Chiar și când ești nervoasă, eu tot mama ta sunt. Și te iubesc la fel de mult.*

"Even when you're mad, I'm still your mom. And I love you just the same."

Am tras aer în piept.
– Dar când sunt timidă? am șoptit.

I took a big breath. "What about when I'm shy?" I whispered.

– Te iubesc și când ești timidă, a spus ea. Mai ții minte când te-ai ascuns în spatele meu și nu ai vrut să vorbești cu noul vecin?

"I love you when you're shy too," she said. "Remember when you hid behind me and didn't want to talk to the new neighbor?"

Am dat din cap aprobator. Îmi aminteam foarte bine acest lucru.

I nodded. I remembered it well.

– Și apoi l-ai salutat și ți-ai făcut un prieten nou. Am fost foarte mândră de tine.

"And then you said hello and made a new friend. I was so proud of you."

– *Mă mai iubești când pun prea multe întrebări?* am continuat eu.

"Do you still love me when I ask too many questions?" I continued.

– *Când pui multe întrebări, ca acum, pot să văd cum înveți lucruri noi care te fac mai deșteaptă și mai puternică în fiecare zi, a răspuns mama. Și da, încă te iubesc.*

"When you ask a lot of questions, like now, I get to watch you learn new things that make you smarter and stronger every day," Mom answered. "And yes, I still love you."

– Și dacă nu am chef să vorbesc deloc? am continuat să întreb.

"What if I don't feel like talking at all?" I continued asking.

– Vino aici, a spus ea.
M-am urcat în poala ei și mi-am așezat capul pe umărul ei.

"Come here," she said. I climbed into her lap and rested my head on her shoulder.

– Când nu ai chef să vorbești și vrei să fii tăcută, începi să-ți folosești imaginația. Îmi place să văd ceea ce creezi, a răspuns mama.

"When you don't feel like talking and just want to be quiet, you start using your imagination. I love seeing what you create," Mom answered.

Apoi, ea a șoptit în urechea mea.
– Te iubesc și când ești tăcută.

Then she whispered in my ear, "I love you when you're quiet too."

– *Dar mă mai iubești când îmi este frică? am întrebat.*
"But do you still love me when I'm afraid?" I asked.

– *Întotdeauna, a spus mama. Când îți este frică, te ajut să verifici să nu fie monștri sub pat sau în dulap.*
"Always," said Mom. "When you're scared, I help you check that there are no monsters under the bed or in the closet."

*Ea m-a sărutat pe frunte.
– Ești foarte curajoasă, scumpa mea.*

She kissed me on the forehead. "You are so brave, my sweetheart."

– Și când ești obosită, a adăugat ea încet, te acopăr cu pătura, îți aduc ursulețul și îți cânt melodia noastră specială.

"And when you're tired," she added softly, "I cover you with your blanket, bring you your teddy bear, and sing you our special song."

– Și dacă am prea multă energie? am întrebat, sărind în picioare.

"What if I have too much energy?" I asked, jumping to my feet.

Ea a râs.
– Când ești plină de energie, mergem cu bicicleta, sărim coarda sau alergăm afară împreună. Îmi place să fac toate aceste lucruri cu tine!

She laughed. "When you're full of energy, we go biking, skip rope, or run around outside together. I love doing all those things with you!"

– Dar mă mai iubești când nu vreau să mănânc broccoli? Am scos limba.

"But do you love me when I don't want to eat broccoli?" I stuck out my tongue.

*Mama a chicotit.
– Ca atunci când i-ai dat pe furiș broccoli lui Max? I-a plăcut foarte mult.*

Mom chuckled. "Like that time you slipped your broccoli to Max? He liked it a lot."

– Ai văzut asta? am întrebat eu.
"You saw that?" I asked.

– Bineînțeles că da. Și te iubesc chiar și atunci.
"Of course I did. And I still love you, even then."

M-am gândit pentru o secundă, iar apoi am pus o ultimă întrebare:

I thought for a moment, then asked one last question:

– Mami, dacă mă iubești când sunt posomorâtă sau nervoasă... mă mai iubești când sunt fericită?

"Mommy, if you love me when I'm gloomy or mad... do you still love me when I'm happy?"

– O, scumpo, a spus ea, îmbrățișându-mă din nou, când ești fericită, și eu sunt fericită.

"Oh, sweetheart," she said, hugging me again, "when you're happy, I'm happy too."

Ea m-a sărutat pe frunte și a adăugat:
– Când ești fericită, te iubesc la fel de mult ca atunci când ești tristă, nervoasă, timidă sau obosită.

She kissed me on the forehead and added, "I love you when you're happy just as much as I love you when you're sad, or mad, or shy, or tired."

*M-am cuibărit lângă ea și am zâmbit.
– Deci… mă iubești tot timpul? am întrebat.*

I snuggled close and smiled. "So… you love me all the time?" I asked.

– Tot timpul, a spus ea. Fiecare stare de spirit, în fiecare zi, te iubesc mereu.

"All the time," she said. "Every mood, every day, I love you always."

În timp ce vorbea, am început să simt ceva cald în inima mea.

As she spoke, I started feeling something warm in my heart.

M-am uitat afară și am văzut cum norii se îndepărtau. Cerul începea să se însenineze și apăruse soarele.

I looked outside and saw the clouds floating away. The sky was turning blue, and the sun came out.

Se pare că urma să fie, până la urmă, o zi frumoasă.

It looked like it was going to be a beautiful day after all.